AF191517

Dieses Buch ist meiner älteren Schwester
Denise Moll gewidmet,
die mir immer die Stange hält
und mit Rat und Tat
zur Seite steht.

Brigitte Riederer

Mandalas

zum Ausmalen

In einer Hoch-Phase habe ich Non-Stopp,
Tag und Nacht,
63 Mandalas kreiert

BoD-Verlag

Bibliografische Information der Deutschen Nationalbibliothek:
Die Deutsche Nationalbibliothek verzeichnet diese Publikation in der Deutschen Nationalbibliografie; detaillierte bibliografische Daten sind im Internet über http://dnb.dnb.de abrufbar.

Herstellung und Verlag:
BoD – Books on Demand, Norderstedt

ISBN 978-3-8423-4625-3

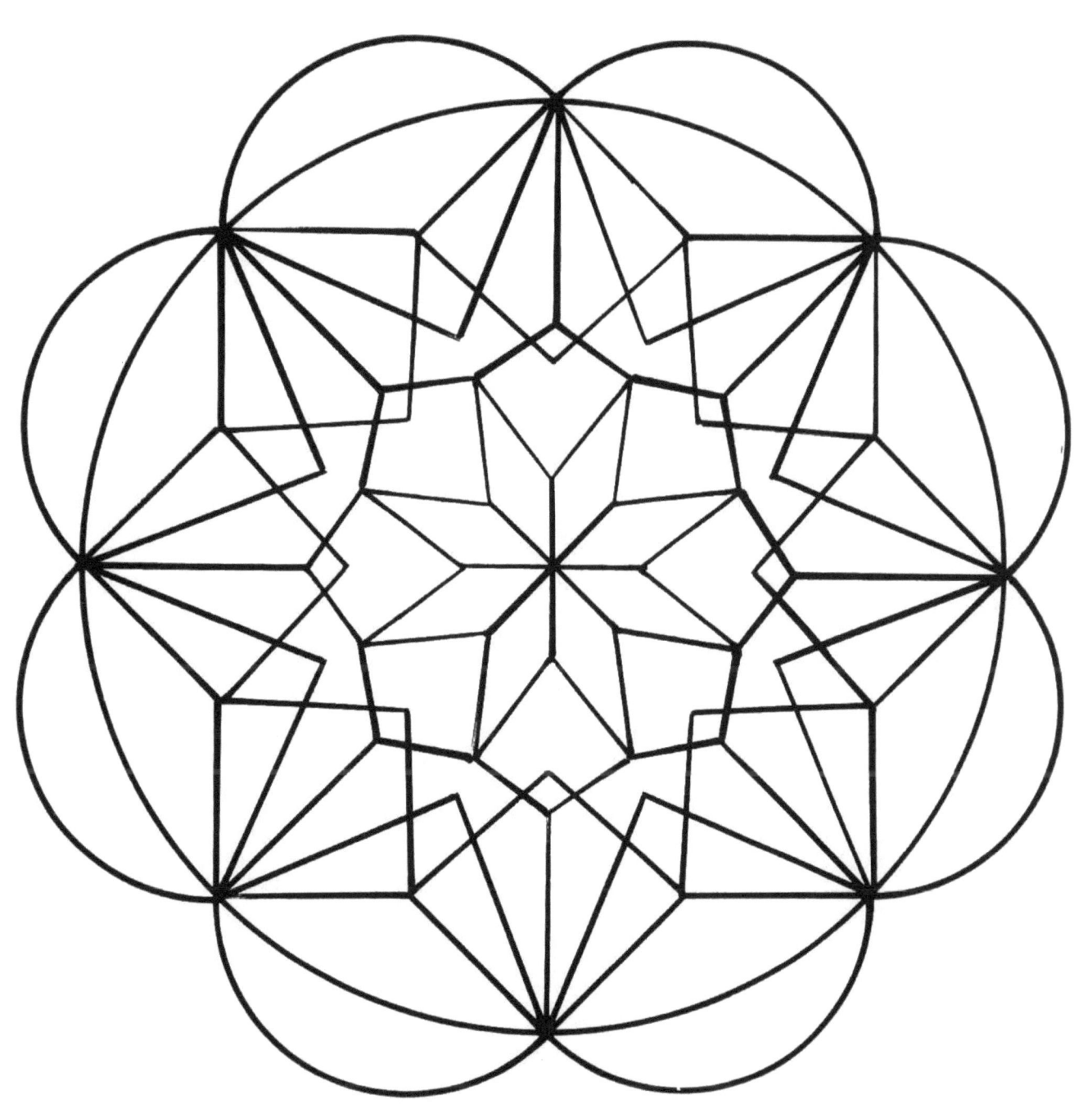

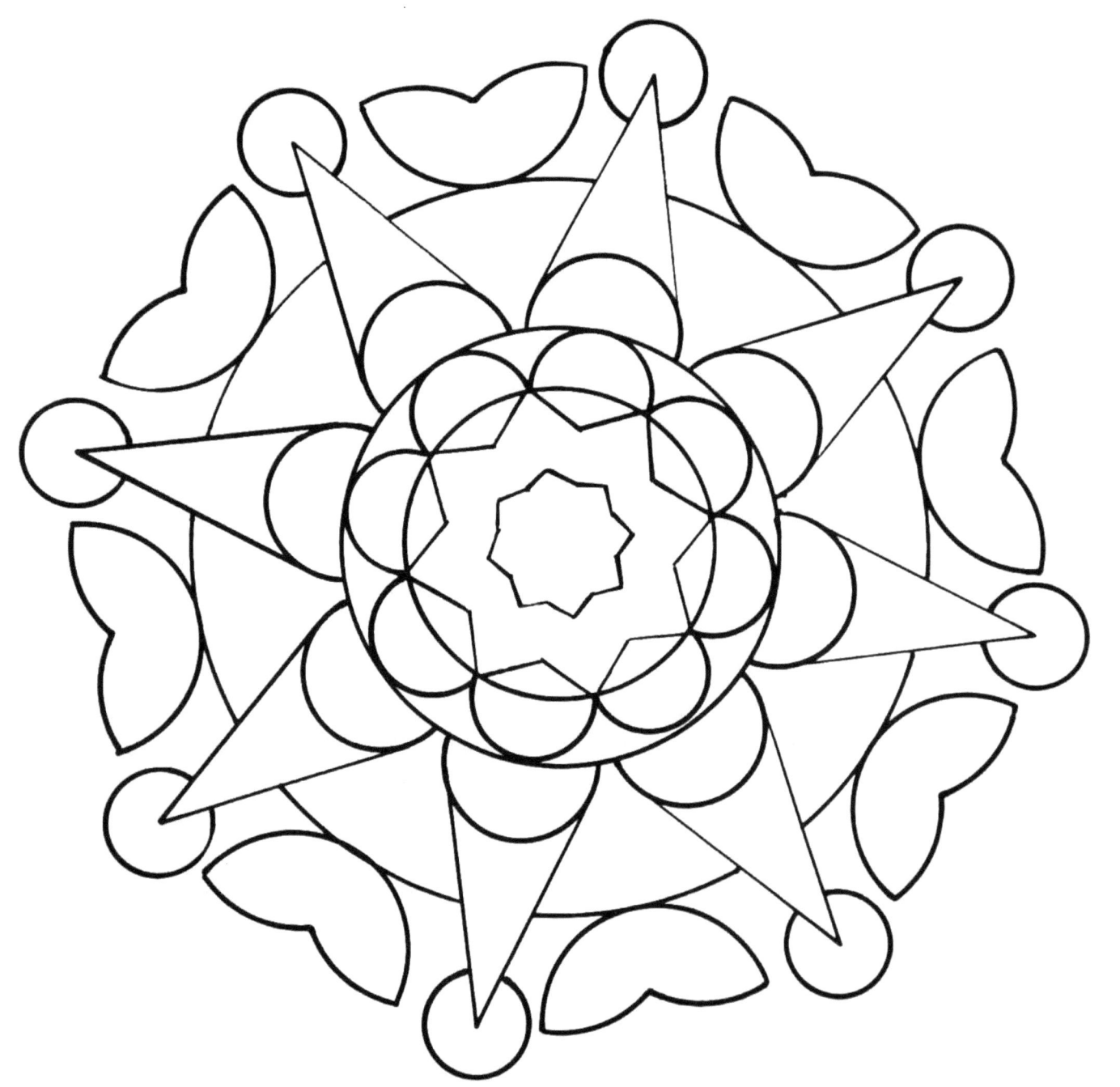

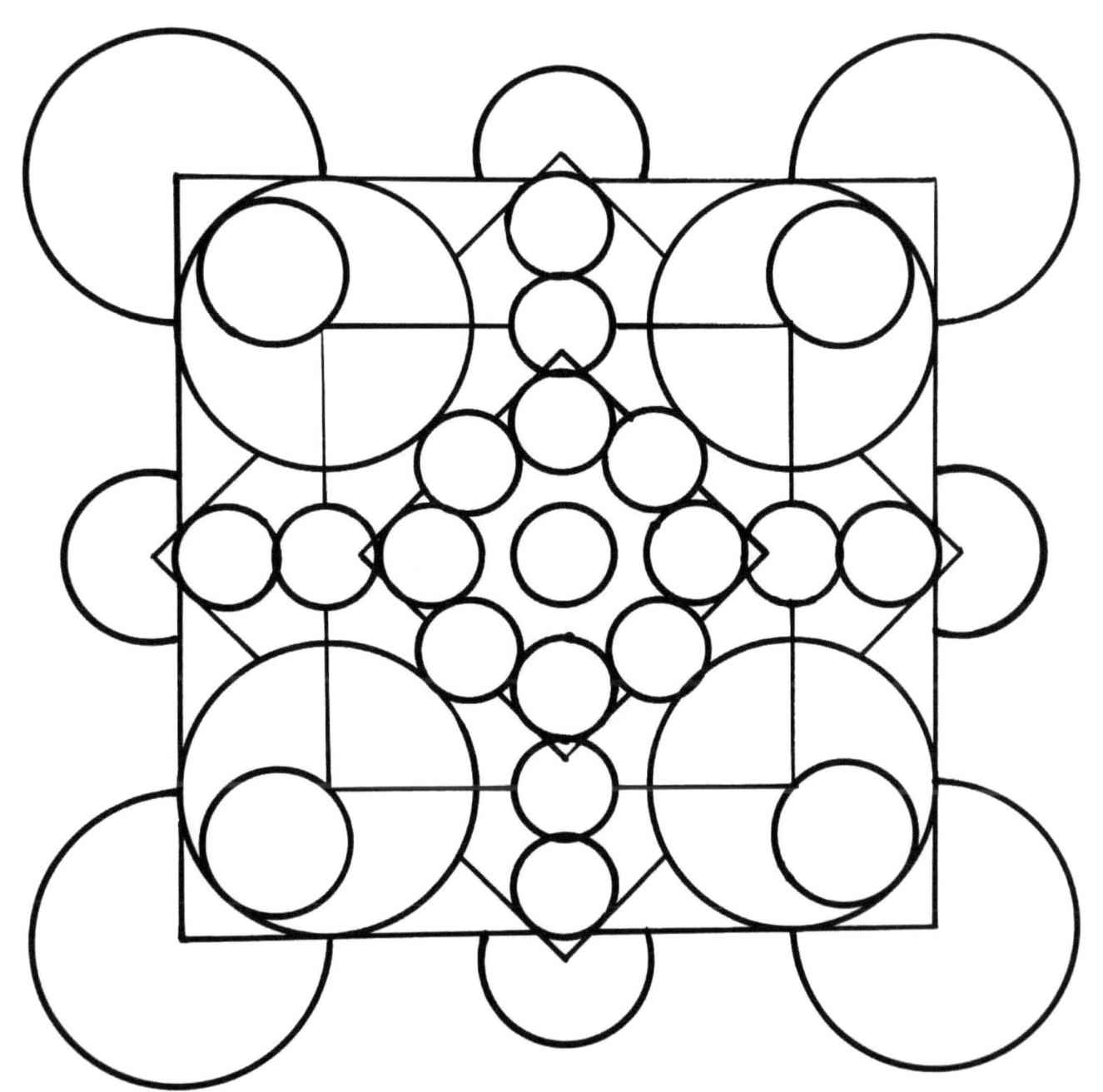

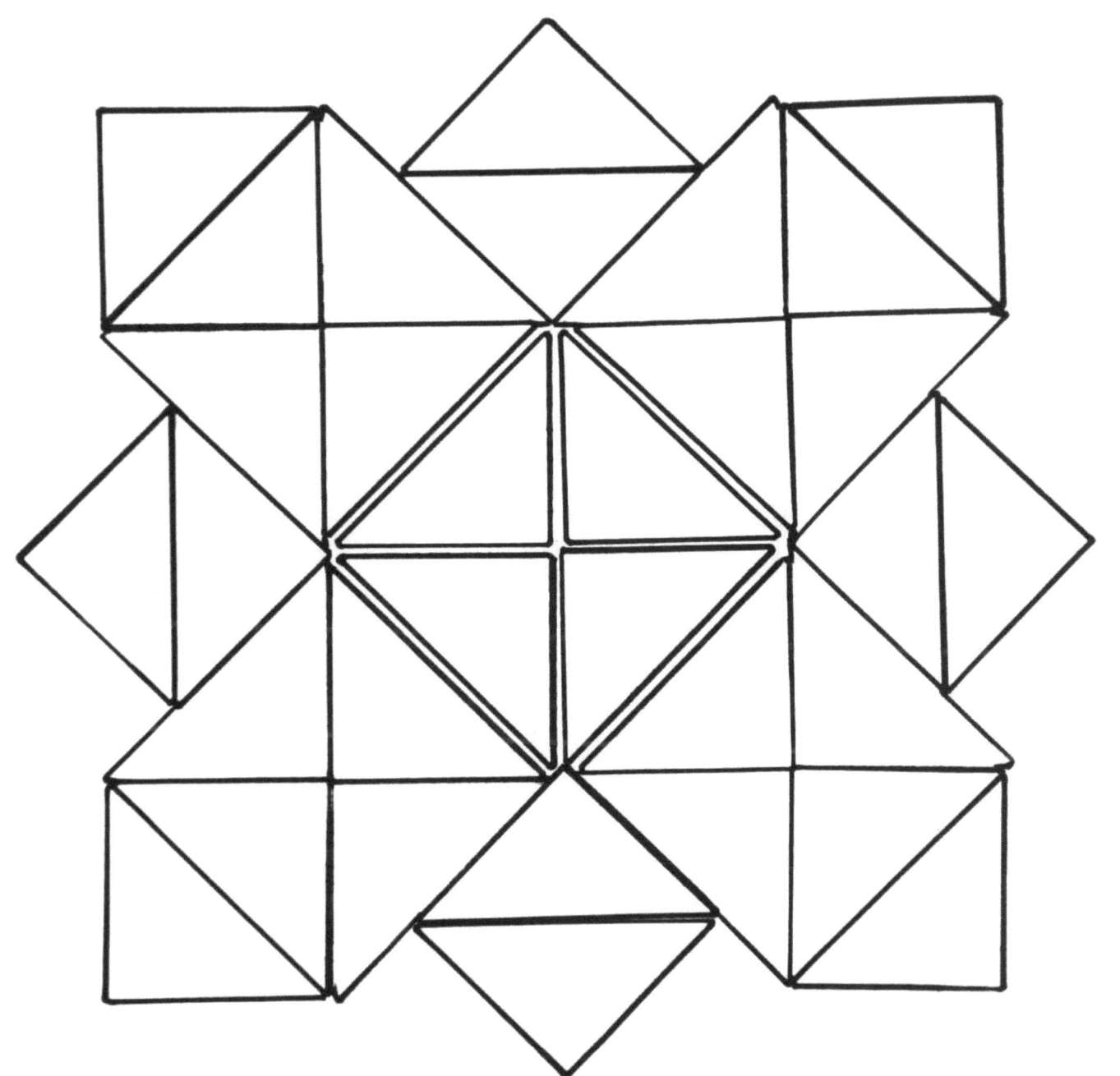

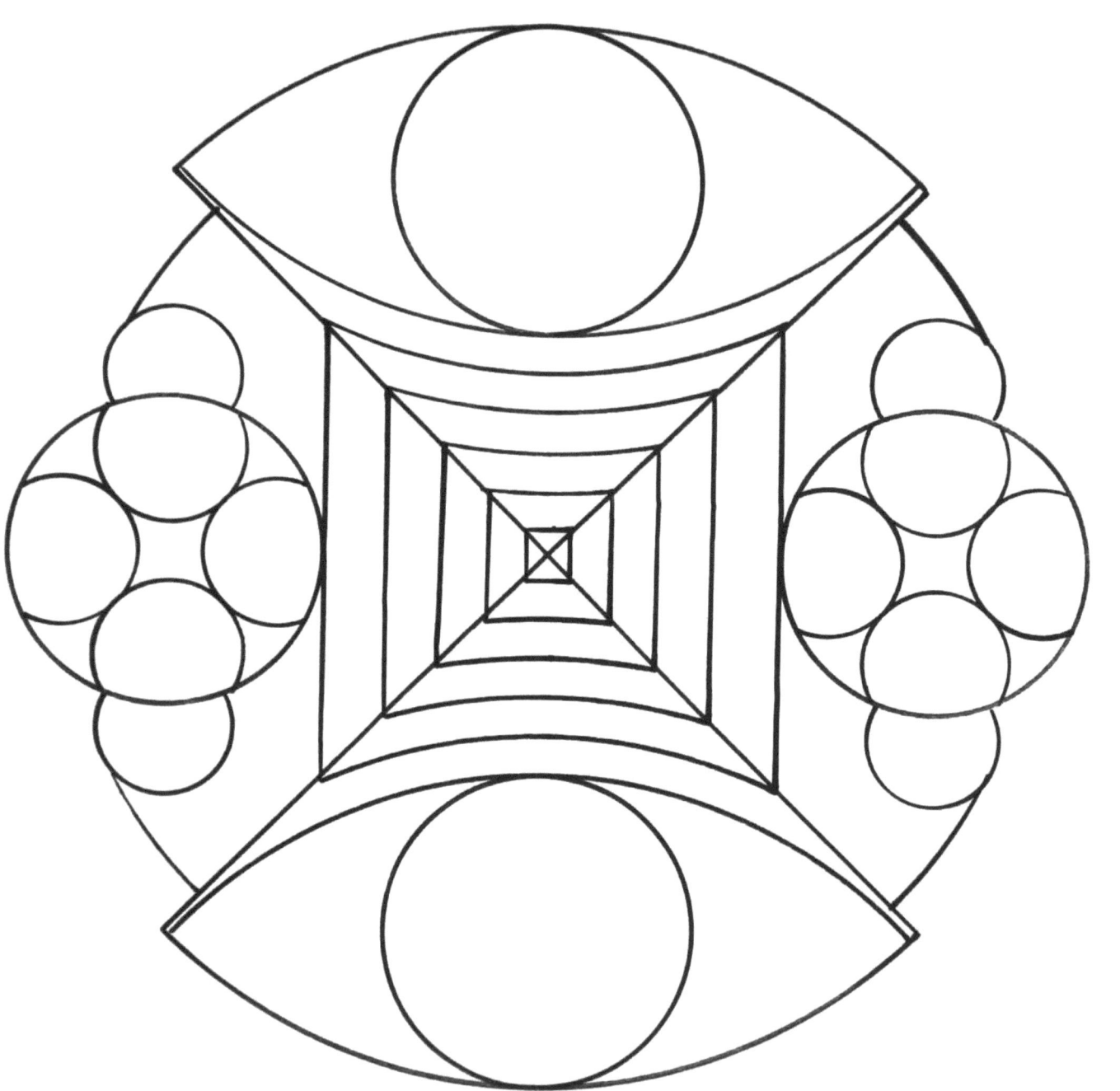

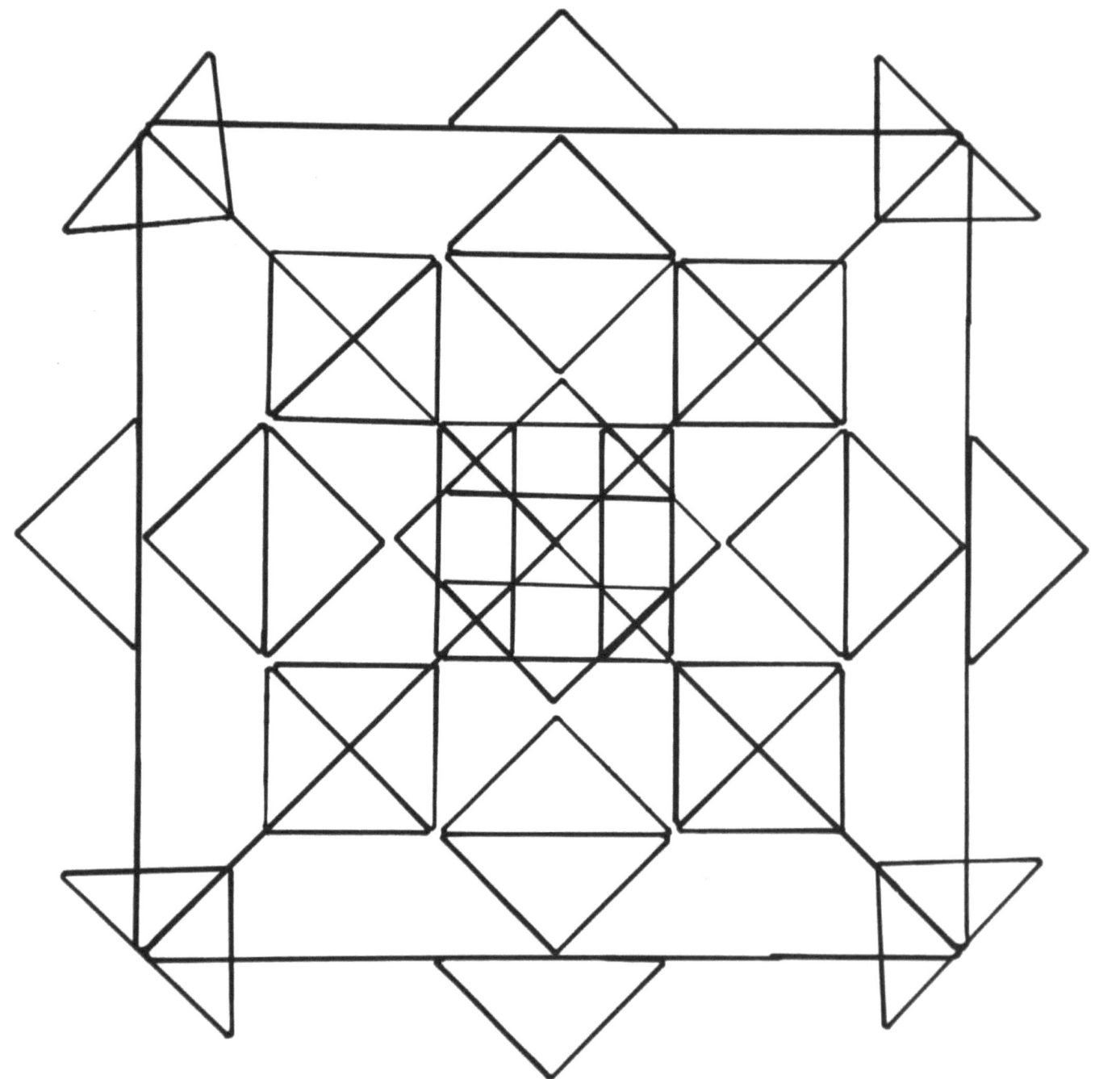

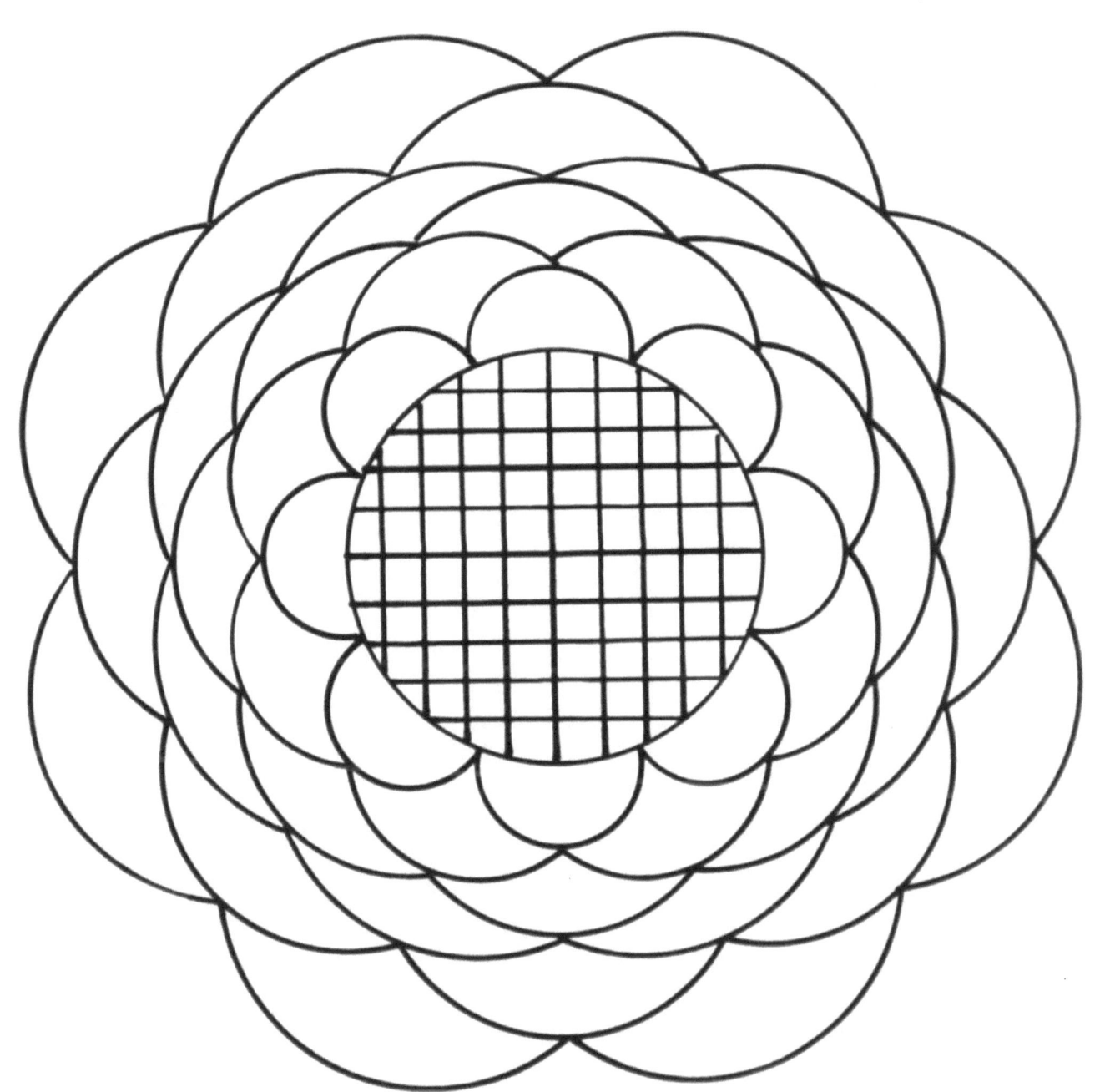

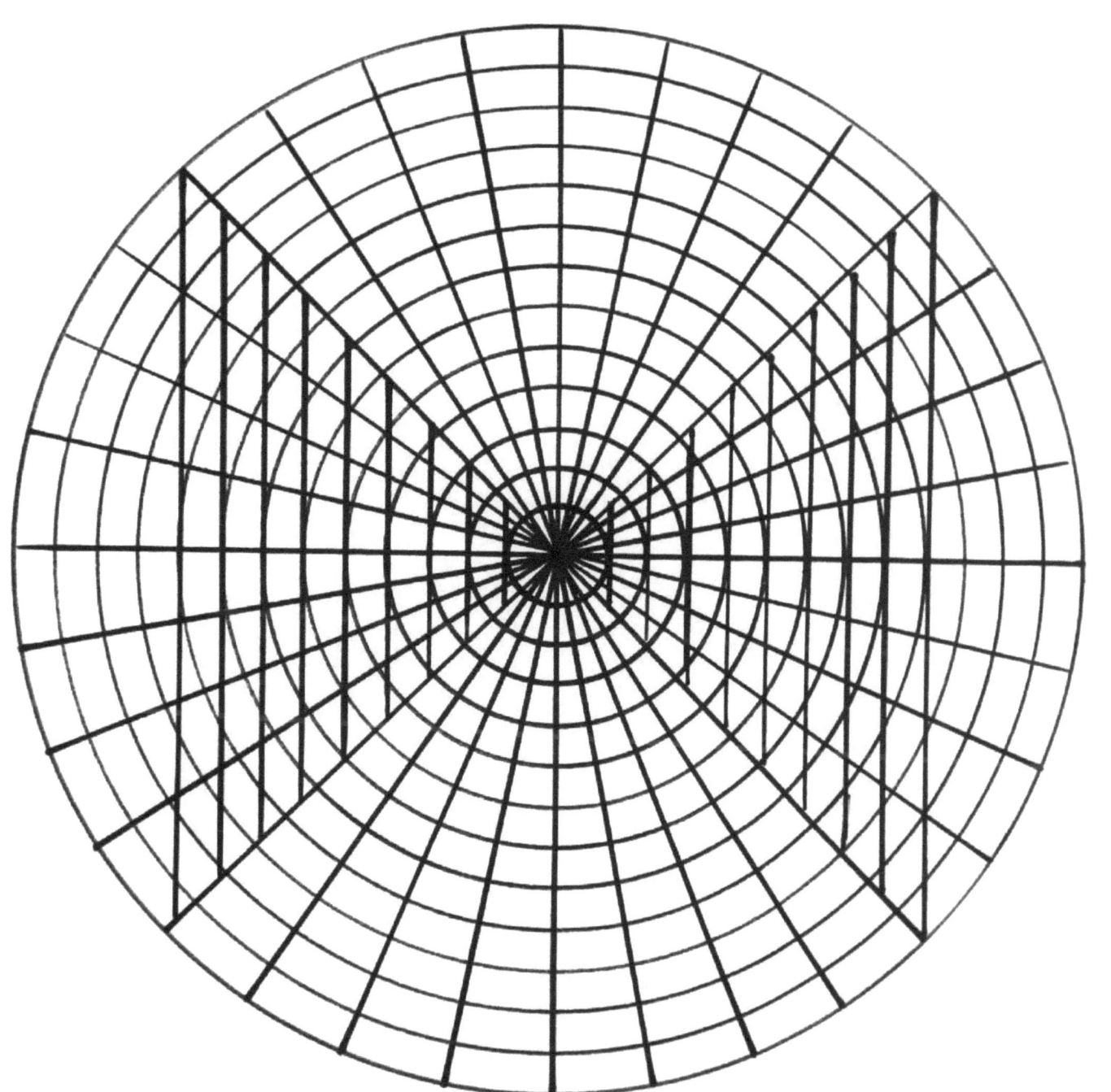

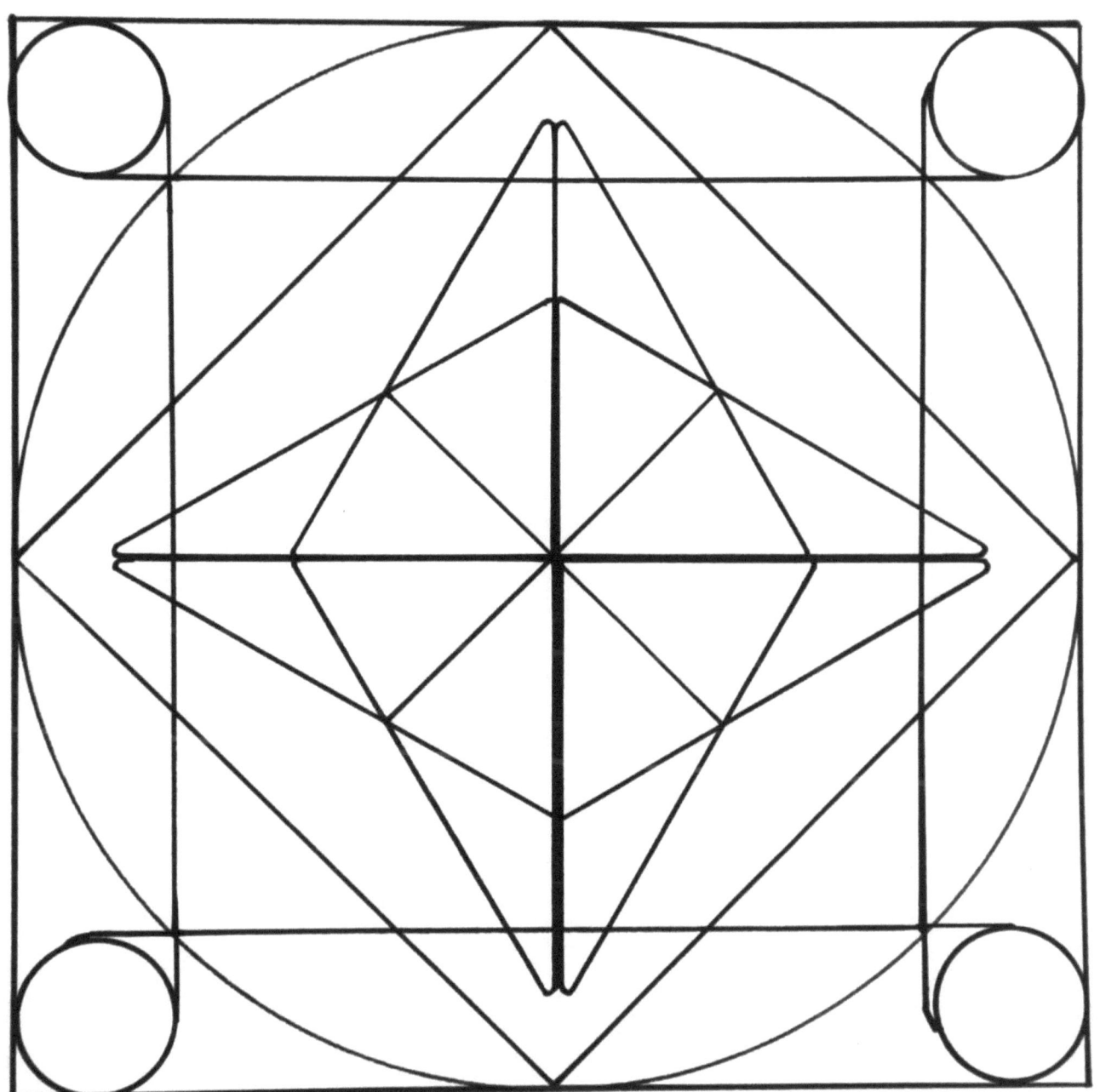

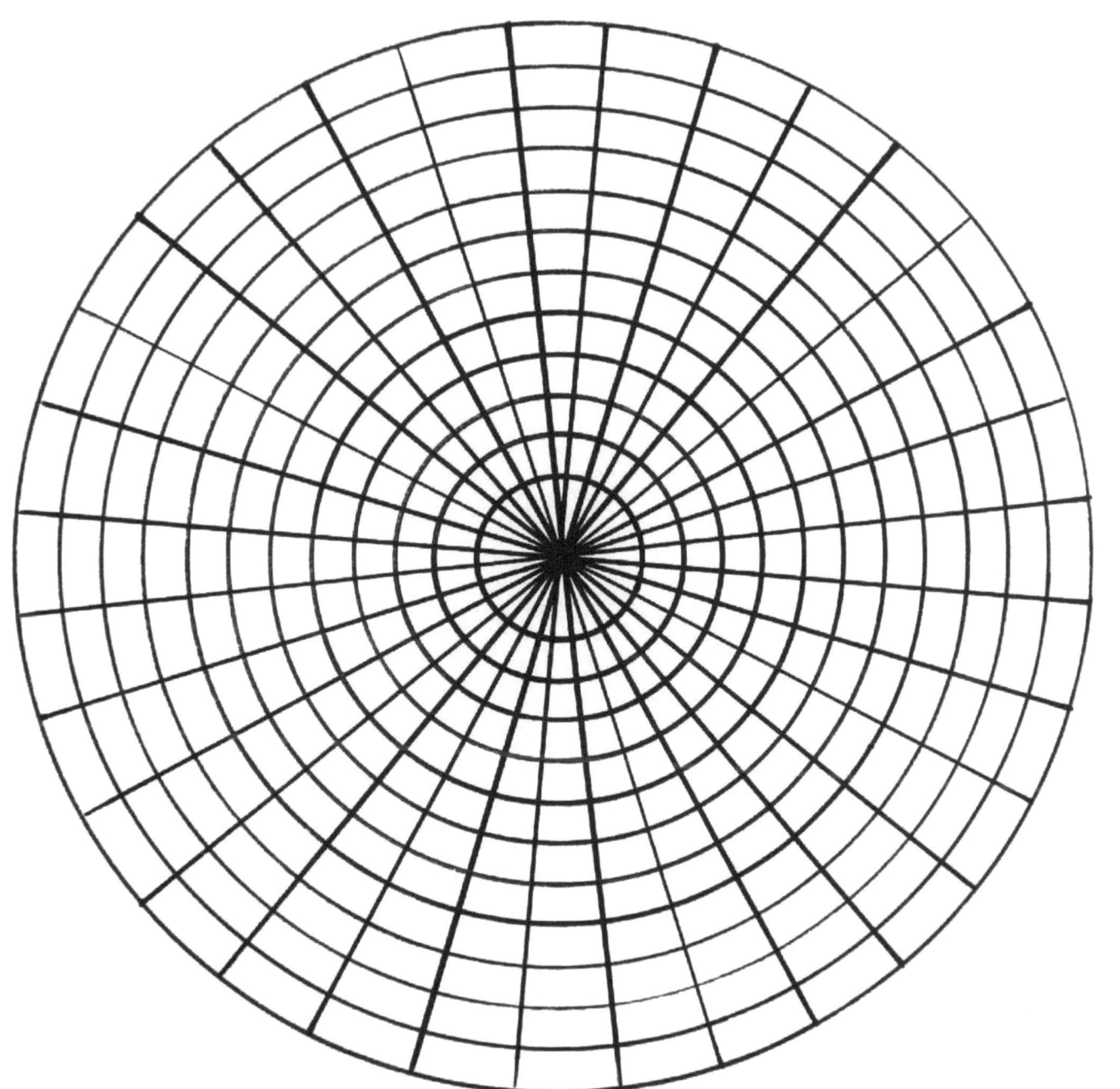

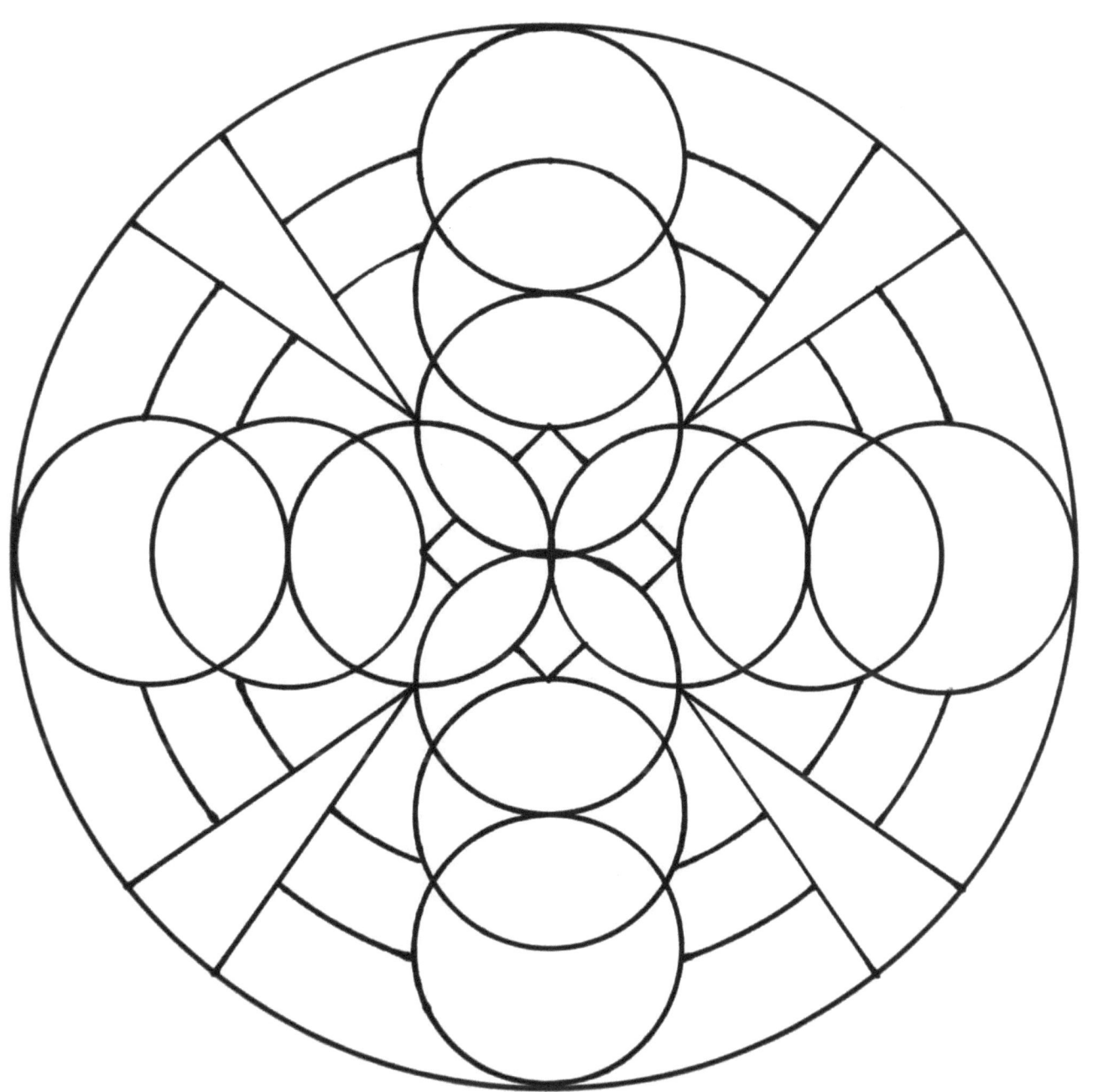

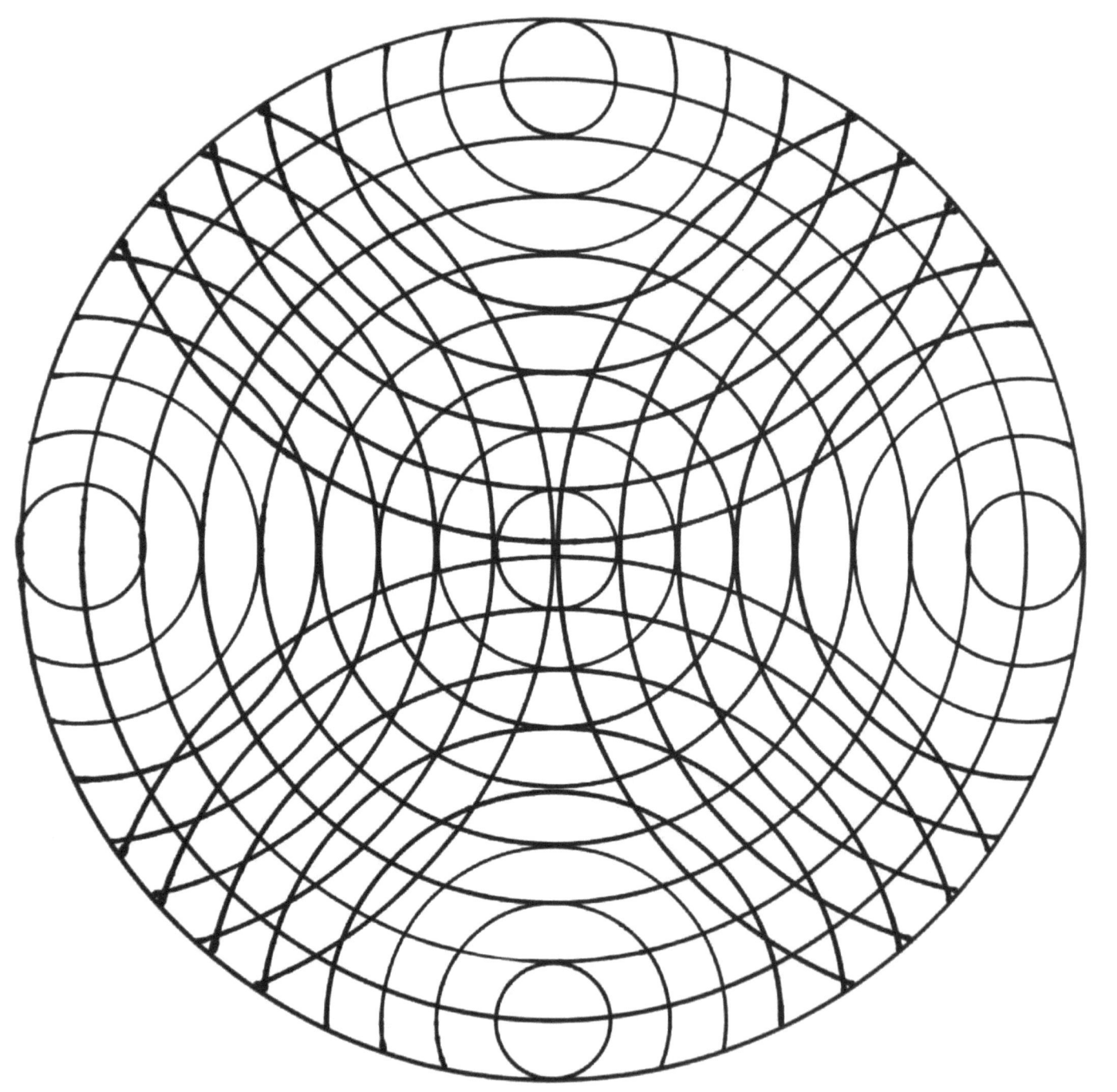

Brigitte Riederer, geboren am 31. 12. 1953 in Zürich, wohnt schon seit 1974 in Walenstadt SG (CH). Sie hat drei erwachsene Söhne, zwei Schwiegertöchter, Hannes und seine Freundin im eigenen Haus, vier Enkelkinder, ist seit 2003 verwitwet und nach der grossen Liebe in keiner Beziehung mehr.

Ihre Leidenschaften neben dem Schreiben sind: Fotografieren, Encaustic malen, Arbeiten mit Holz, Klavier-, Knopf-Akkordeon- und Mundharmonika- Spielen, Meditation und Qi Gong.

Sie ist ausserdem Kinderskilehrerin, Entspannungstrainerin, Langstreckenschwimmerin mit Brustschwimmen und Encaustic-Kursleiterin.

Sie leidet unter anderem an einer bipolar affektiven Störung (in deren Hochs entstehen jeweils ihre Sens- und Nonsens-Gedichte) und ist häufig in der Kantonalen Psychiatrischen Klinik St. Pirminsberg in Pfäfers SG anzutreffen.

Die Autorin bedankt sich bei der Kantonalen Psychiatrischen Klinik St. Pirminsberg, Pfäfers (SG), für die grosszügige Spende, ohne die ihre Bücher nie hätten realisiert werden können.

Folgende Lyrik-Bände von Brigitte Riederer sind im BoD-Verlag erschienen:

© 2016: Sens- und Nonsens-Gedichte - Band 1 - Der Sinn des Unsinns
© 2016: Sens- und Nonsens-Gedichte - Band 2 - Der Sinn des Unsinns
© 2016: Sens- und Nonsens-Gedichte - Band 3 - Der Sinn des Unsinns
© 2016: Sie sind ein Stück von mir…
         (Gedichte über die Verarbeitung vom Tod meines Mannes, meiner Krankheit, den Austritt aus der
         Klinik, an meine Seele und ein Rückblick auf mein bisheriges turbulentes Leben in Gedichtform)

Des Weiteren sind von Brigitte Riederer im BoD-Verlag erschienen:

© 2016: Mandalas zum Ausmalen
         (In einer Hoch-Phase habe ich Non-Stopp, Tag und Nacht, 63 Mandalas kreiert)
         Format 21x21cm
© 2016: Grabstein-Inschriften
         (Verse von Dichtern, Schriftstellern und Persönlichkeiten, Sprüche über Liebe, Worte des Trostes und
         ein paar Bibelverse)

E-Mail-Adresse: brigitte.riederer@bluewin.ch

Die Bücher sind auch direkt bei der Autorin erhältlich